Lily Murray · Julia Woolf

Der kleine Hase und die Osterüberraschung

HEUTE OSTEREIER-SUCHEN

Schau mal, die fröhlichen Tiere!
Sie rumoren und rascheln im Wald.
Sie bereiten ein schönes Fest vor,
denn Ostern ist schon bald.

Der kleine Hase hüpft herbei,
und seine Augen leuchten.
„Darf ich das Osterpicknick planen?
Ich weiß, was wir alles bräuchten!"

„Ja, manchmal kann ich ein Tollpatsch sein,
und manchmal bin ich vergesslich.
Doch dieses Picknick wird das beste!
Es wird sogar unvergesslich!"

Schon schreibt der kleine Hase
die Einladungen …

Der Hase geht los mit seinem Korb und seiner Liste fürs Essen.

Er kauft Äpfel, Birnen und Beeren.
Ups – doch was hat er vergessen?

„Ich brauche ja noch Süßigkeiten!
Da probiere ich mal ein, zwei Stück.
Sie müssen schließlich köstlich sein,
und das sind sie auch zum Glück."

Nun geht der kleine Hase zur Wiesenbäckerei.
Oh, wie die Törtchen locken!
Er nimmt ein paar Zuckerkringel
mit leckeren Schokoflocken.

Der kleine Hase läuft schnell zurück
zur grünen Lichtung im Wald.
„Übers Picknick werden sich alle freuen –
all meine Freunde, ob jung oder alt!"

Doch als er in den Korb schaut,
bekommt er einen Schreck.
„Wo sind denn all die süßen Sachen?

Die sind
ja plötzlich
weg!"

Er setzt sich und die Tränen kullern
im Schatten unter dem Baum.
„Jetzt gibt es kein Picknick an Ostern.
Nur meinetwegen – aus ist der Traum!"

Doch plötzlich hört er ein Flüstern:
„Kleiner Hase, du musst nicht traurig sein!
Komm mit, es wartet schon auf dich
eine Überraschung, die ist osterfein!

Wir wissen, du hast dein Bestes gegeben
und es gab so viel zu tun!
Also haben wir dir geholfen,
und hier ist das Picknick nun!"

Dann wird das fröhlichste Fest gefeiert,
das es im Wald je gegeben hat.
Unter den Zweigen der Frühlingsbäume,
wird getanzt und gegessen, und jeder wird satt.

Der kleine Hase lächelt fröhlich,
als der Tag zu Ende geht.
„Ostereier mag ich sehr …

Die Freunde des kleinen Hasen
verstecken sich im Wald.

Kannst du ihm helfen, sie zu finden?

Kannst du diese
fünf Freunde
entdecken?

Kannst du die zwölf versteckten Ostereier finden?

Für Orlando und Freddie – L.M.
Für Mr Wilf (meinen Hasen) – J.W.

First published 2021 by Macmillan Children's Books an imprint of Pan Macmillan
Text copyright © Lily Murray 2021
Illustration copyright © Julia Woolf 2021
ISBN: 978-1-5290-4880-3

© für diese deutsche Ausgabe:
Ullmann Medien GmbH,
Rolandsecker Weg 30, 53619 Rheinbreitbach, Deutschland

Übersetzung aus dem Englischen: Cara Neumann
Coveradaption: Beate Lennartz
Satz: Noch & Noch, Datteln

Gesamtherstellung: Ullmann Medien GmbH, Rheinbreitbach
www.ullmannmedien.com

ISBN 978-3-7415-2651-0

10 9 8 7 6 5 4 3 2 1